OBSERVATIONS

SUR LA DÉPÊCHE

ÉCRITE LE 16 JANVIER 1797,

Par M. PICKERING, Secrétaire d'État des États-Unis de l'Amérique,

A M. PINKNEY, Ministre Plénipotentiaire des États-Unis près la République Française.

PAR C. C. TANGUY DE LA BOISSIÈRE.

A PHILADELPHIE,

Imprimé & se trouve chez MOREAU DE SAINT-MERY, Imprimeur-Libraire, au coin de Front & de Walnut streets.

1797.

OBSERVATIONS

SUR LA DÉPÊCHE

De M. PICKERING à M. PINKNEY,

Du 17 Janvier 1797.

Une grande & férieufe querelle exifte aujour-
d'hui, entre la France & les États-Unis, & il
eft important à l'intérêt des deux Nations d'en
éviter les fuites funeftes. Un des plus fûrs moyens
d'y réuffir eft de connaître les fondemens des
griefs qui forment le motif de cette querelle, &
la meilleure méthode pour y parvenir, eft, il me
femble, de fuivre la dernière dépêche du Miniftre
Pickering à M. Pinkney, dans les faits qu'elle
annonce & les argumens qui les accompagnent :
c'eft l'objet que je me propofe dans ces obfervations. Je m'efforcerai de m'y tenir dans la modération qui convient à une difcuffion d'un auffi

A 2

grand intérêt , fans me refufer toutefois à toutes les vérités qni me paraîtront indifpenfables pour la rendre complete.

Je pourrais , fans fortir de ce plan , commencer par montrer quelque furprife de ce que cette longue pièce diplomatiqne qui peint la France fous des couleurs fi noires & qui lui fait des re-proches fi amers & fi acrement exprimés , eft ren-due publique. Je fais qu'on me répondra que ce n'eft pas le gouvernement Américain qui l'a publiée. Que le Préfident voulant inftruire le Congrès de tous les détails de cette intéreffante affaire , a penfé devoir lui faire connaître toutes les pièces qui en dépen-daient , & que les inftructions de M. Pinkney en faifant partie (car on ne peut regarder cette dépêche que comme des inftructions diplomatiques), il a cru qu'elles devaient être comprifes dans cette communi-cation , dont elle eft réellement la bafe , & que ces pièces ont été imprimées par l'ordre des deux cham-bres. Mais il me refterait à demander, pourquoi dans les difcuffions qui ont eu lieu, il y a peu d'années, avec l'Angleterre, & dans des circonftances pareilles, la même marche n'a pas été fuivie ? Pourquoi n'a-t-il pas été jugé convenable de faire des communications entières au Congrès, dans l'affaire du traité avec l'Angle-terre, qui fans doute en était auffi une grande pour l'in-térêt du peuple Américain? De cette différence dans la marche , réfulte l'évidence d'une différence totale , dans les difpofitions du gouvernement des États-Unis envers les deux nations. Je crois fa difpofition pour

(5)

la France condamnable , injuſte , déraiſonnable , j'en crois l'expreſſion contraire à toute ſageſſe , à toute convenance politique , à tout moyen de négociation , à la dignité comme à l'intérêt de la nation qui la découvre ; mais puiſqu'elle a cauſé une publication qui fait connaître les argumens du Conſeil Américain, ceux qui déſirent d'en rechercher la ſolidité , ne peuvent pas ſe plaindre de ſes effets.

Les trois principaux ſujets de plainte du Miniſtre Français contre les États-Unis , dit le Miniſtre Pickering , ſont : 1°. L'abandon du droit de neutralité au détriment de la France , en ne maintenant pas les prétendus principes des loix modernes des nations : *Que des bâtimens neutres neutraliſent les marchandiſes qu'ils tranſportent.* (That free ſhip makes free goods), & que les bois & les proviſions navales pour l'armement & l'équipement des vaiſſeaux , ne ſont pas contrebande de guerre. 2°. La violation des traités même dans leur lettre. 3°. La perte pour la France des avantages des traités précédemment exiſtant entr'elle & les États - Unis , par le nouveau traité de commerce & d'amitié , fait par les États-Unis avec l'Angleterre. Enfin le dommage qui peut réſulter pour les alliés de la France , de l'abandon fait par l'Amérique , des principes du nouveau droit des nations , que le vaiſſeau neutre , neutraliſe ſon chargement. (Free ſhip , make free goods).

M. Pickering prétend que ces plaintes ſont ſans fondement , & il argue , quant à la première , que par les anciennes loix des nations , les propriétés des ennemis ont de tout temps été prifes fous pavillon neutre; que la France & les États-Unis dans leur traité de 1778, ont renoncé à ce principe ancien, que la France a dû alors en pefer les conféquences; que l'Angleterre, dans le dernier traité de 1795, n'a pas voulu renoncer à cette loi ancienne; mais qu'elle n'a rien acquis à cet égard, par ce traité, puifqu'avant qu'il fut fait elle fuivait ce principe, & qu'elle était déterminée à n'y pas renoncer.

M. Pickering argumente de même quant à l'article des farines, des munitions navales pour l'équipement des vaiffeaux, que l'Angleterre a voulu ranger au nombre des articles de contrebande. Il ajoute, que l'Angleterre s'étant obligée à dédommager les Américains des articles de contrebande pris fur leurs vaiffeaux, & qui feraient leurs propriétés, il y a plutôt pour les négocians de cette nation, encouragement qu'obftacle à rifquer de faire arriver en France des articles même de contrebande. M. Pickering appuie ces argumens, de citations tirées de Wattel, Valin & de divers exemples puifés dans les traités de Ruffie, de Suède, de Dannemark &c., où la nature de la contrebande a varié felon les intérêts & les conventions des contraĉtans.

Avant de fuivre M. Pickering dans fes argumens, il me convient de reconnaître, comme une vérité inconteftable, que les États-Unis étant une puiffance indépendante, ils ont le droit de traiter avec toute nation quelconque, de comprendre dans leurs traités toutes les conventions qu'il leur plaît. Cette faculté est une conséquence immédiate de leur indépendance, & la France a trop travaillé à cette indépendance, pour qu'elle puisse être raisonnablement soupçonnée aujourd'hui de la méconnaître. Cette déclaration me dispensera, j'espère, de suivre M. Pickering dans ses citations de Wattel, Valin, &c., qui ne sont même pas des autorités, & qui, pussent-elles jamais avoir ce caractère, seraient plus propres à la chicane du barreau, que conformes à la loyauté avec laquelle doivent traiter deux grandes nations, soit pour soutenir ou former des alliances, soit pour les rompre : mais les États-Unis aussi indépendans qu'aucune autre nation, ont aussi le devoir, autant qu'aucune autre, d'être fidèles aux conventions qu'ils ont souscrites, à l'intention même qui a dicté ces conventions, & c'est fort de ces vérités que je reviens à la discussion de la réponse de M. Pickering, au premier sujet de plainte contenue dans la note du Ministre Français.

L'article dix-sept du traité de commerce & d'amitié entre l'Angleterre & les États-Unis, qui prononce que les marchandises portées sous pavillon neutre, n'en seront pas moins sujettes à être prises, si elles sont propriétés de l'ennemi, est une attaque directe contre le commerce français, puisqu'il livre les propriétés françaises naviguant sous pavillon Américain, aux vaisseaux anglais qui voudront s'en emparer, tandis que le traité de Versailles, portant la clause absolument opposée, garantit les propriétés anglaises portées sur vaisseau américain. Cette différence mise par les États-Unis entre les intérêts des nations française & anglaise, peut-elle réellement paraître à qui que ce soit, la continuité des dispositions d'amitié & d'alliance, qui avaient dicté le traité entre l'Amérique & la France ? Cet article devient aussi offensant que nuisible pour la France, quand elle considère qu'aucun autre traité fait par les États-Unis ne porte cette clause. Envain le Ministre Pickering, dit-il, dans sa dernière réponse au Ministre Français & dans sa dépêche à M. Pinkney, que la France lors de son traité, a du peser la force & l'intention de la convention, par laquelle elle a consenti à reconnaître libres, les marchandises transportées par des vaisseaux neutres. Le Ministère Français pouvait-il à l'époque de ce traité, prévoir : 1°. Que cette convention de toute justice, de toute raison, que cette vérité d'intérêt général, si propre à adoucir les malheurs de la guerre, à ne les faire porter au moins que sur les nations belligérantes, & si importante aux nations dont le commerce est la force & la ressource principale, serait jamais abandonnée par les États-Unis ? 2°. Qu'elle le serait par eux dans un traité d'amitié & de commerce avec l'Angleterre, qui serait alors en guerre avec la France ? Il n'est que trop commun de voir la prévoyance en faute dans les transactions humaines, même les plus réfléchies ; mais une telle prévoyance du gouvernement français, à l'époque du traité, eût été même déloyauté, & eût paru folle.

Qu'est-ce que l'ancienne loi des nations, dont s'appuie le Ministre Pickering, pour justifier cet article ?

article ? La loi des nations n'a jamais été que dans l'opinion, & elle a varié comme elle. Où est le code des nations ? Où s'en lisent les articles & même les principes ? La loi des nations sauvages est aussi de brûler, de supplicier les prisonniers de guerre, & un article de traité avec les Indiens qui prononcerait cette convention, serait-il justifié, parce qu'elle serait montrée conforme à cette loi des nations ? Il semble que la loi des nations, si elle existait ailleurs que dans la volonté du plus fort, devrait se rapprocher de la justice, à mesure que les sociétés acquièrent plus en lumière & en civilisation ; mais ce n'est que dans la force qu'elle existe : c'est au moins la volonté du plus fort qui l'explique & la modifie à son avantage. C'est ainsi que l'Angleterre la voit, & veut continuer à la voir, dans le droit de prise de propriété ennemie, sur des bâtimens neutres.

Les États-Unis hors d'état de lutter avec l'Angleterre, ne pouvaient sans doute pas prétendre à faire renoncer cette puissance à cette manière d'interprêter le droit des gens, pas plus qu'ils ne pouvaient l'empêcher de prendre leurs vaisseaux & de presser leurs matelots. Souffrir ce qu'on blâme, mais ce qu'on ne peut empêcher, est malheureusement le sort commun de la faiblesse. Mais quand par un traité, les États-Unis admettent cette interprétation contraire à celle qu'ils ont constamment adoptée depuis qu'ils font corps politique ; quand ils légalisent pour l'avenir, par une convention expresse, les torts dont six mois plutôt ils se plaignaient comme d'un abus de la force,

ce n'eſt plus alors ſeulement de la faibleſſe : la faibleſſe
endure, mais n'agit pas ; dès qu'elle agit, elle devient
volonté, & quand le réſultat en eſt de livrer à de nouveaux alliés la propriété de ſes anciens amis, peut-on
s'étonner qu'on le caractériſe de violation manifeſte
du traité ? En vain le gouvernement qui s'en rend
coupable, cherchera-t-il ſa juſtification dans les publi-
ciſtes anciens & modernes ; envain s'efforcera-t-il de
la trouver dans les dédales de la chicane diplomati-
que : le jugement de la queſtion ſe trouvera dans le
cœur de tous les hommes impartiaux & droits. C'eſt
là qu'eſt irrévocablement le ſentiment du bien & du
mal, & c'eſt à ce tribunal que j'en appelle.

M. Pickering cherche encore dans les citations de
Vattel & dans quelques traités de nations étrangères,
la réponſe aux plaintes faites par le Miniſtre Français,
ſur l'article du traité qui rend les matières néceſſaires
à la réparation & à la conſtruction des vaiſſeaux,
objets de contrebande. Aucune loi généralè, dit-il,
n'exiſte, qui conſtate en détail quelles ſont ou non
les matières de contrebande en tems de guerre. Les
ſtipulations à cet égard ont varié dans différens traités,
& les parties contractantes, ont le droit comme l'uſage
de les definir : d'où il conclut, que la France n'eſt
fondée à élever aucune plainte à cet égard. Mais
quand la France, ancienne alliée de l'Amérique, eſt
en guerre avec l'Angleterre, qu'elle a évidemment
beſoin de proviſions navales, pour réparer & aug-
menter ſa marine, le gouvernement des États-Unis
en reconnaiſſant dans un traité, le droit à l'Angleterre

de faifir fur fes bâtimens les provifions navales defti-
nées pour la France, ne montre-t-il pas une oppofition volontaire, une oppofition formelle à l'accroiffe-
ment, à la réparation de la marine de cette dernière
puiffance alliée de l'Amérique? Et quand fon traité
exiftant avec la France ne comprend pas les provifions
navales parmi les articles de contrebande, qu'ainfi
elles peuvent être conduites en Angleterre fans courir
le danger d'être prifes, n'eft-ce pas une préférence
effentielle, manifeftement donnée à l'Angleterre?
N'eft-ce pas même, (en oubliant en ce moment
l'alliance avec la France), une violation de la neutralité?

M. Pickering voit, dans la claufe par laquelle
l'Angleterre s'oblige de payer aux négocians américains, le prix des matières de contrebande prifes à
bord de leurs vaiffeaux, un encouragement pour eux
de tenter de les porter en France. Et moi, je vois
dans cette interprétation, la doctrine la plus immo-
rale, la plus pernicieufe, qui puiffe fortir de la
plume d'un Miniftre d'État; car c'eft une auto-
rifation pofitive donnée par lui aux négocians
américains, de défobéir à la loi de leur pays, crime
le plus grand dans un État policé, & fur-tout dans
un État libre. D'ailleurs, il n'y a rien de vrai dans
ce raifonnement, que l'immortalité du principe, &
la violation du traité de la France refte toute
entière dans la convention qui livre fes intérêts à fon
ennemi.

Je paffe à l'article, où le Miniftre Pickering

répond à celui de la note du Miniſtre Français , où il eſt dit que la négociation des États-Unis a *été enveloppée dès ſon origine des ombres du myſtère , & couverte du voile de la diſſimulation*. Le Miniſtre Pickering reproche au Miniſtre Français d'avoir dit dans ſa note , que le Préſident dans ſon meſſage au Sénat du 16 Avril , avait déclaré que M. Jay *était envoyé à Londres , ſeulement pour obtenir le redreſſement des torts dont l'Amérique ſe plaignait* ; & en rétabliſſant le texte du meſſage , il dit que les véritables paroles du Préſident , ſont que *M. Jay avait pour inſtructions de revendiquer les droits des États-Unis avec fermeté , & de maintenir la paix avec ſincérité*. Si cette citation littérale du texte du meſſage eſt la réponſe que le Miniſtre Pickering juge ſuffiſante pour détruire l'opinion du Miniſtre français , que la négociation du traité a été dans ſon origine *enveloppée de myſtère* , peu de perſonnes , je crois , penſeront comme lui , & verront dans le texte qu'il rapporte , aucune annonce , même indirecte , d'un projet de traité d'amitié & de commerce avec l'Angleterre. Mais je ne vais pas plus loin ſur cet article , & je conviens que le Sénat ſeul aurait droit de ſe plaindre de cette réticence , & que perſonne n'a celui de s'interférer dans les relations du chef de l'exécutif avec la légiſlature.

Quant à la réponſe du Miniſtre Pickering au reproche de diſſimulation avec la France , que fait le Miniſtre français au gouvernement américain , je pourrai m'étendre un peu plus , ſans inconvénient.

Le Miniſtre Pickering commence par ſoutenir que

l'Amérique eſt indépendante, qu'elle a été reconnue pour telle par la France; il cite encore (car ſa réponſe eſt riche en citations), la déclaration faite par le marquis de Noailles à la Cour de Londres au nom de la France, dont il était alors Ambaſſadeur, où il dit que les *États-Unis ſont indépendans, que le Roi n'a exigé d'eux aucun avantage excluſif pour la nation Françaiſe, & qu'ils ſe ſont réſervés le droit de traiter avec les autres nations, ſur le même pied d'égalité & de réciprocité.* Et le Miniſtre Pickering conclut, que l'alliance des États-Unis avec la France ne les ayant pas rendus dépendans de cette puiſſance, ils peuvent traiter avec l'Angleterre ſans ſa permiſſion. Le Miniſtre Pickering a employé, ſans néceſſité, bien des lignes pour ſoutenir une vérité, que perſonne n'a le droit, ni le déſir de conteſter.

Mais indépendamment de la dépendance d'une nation à la volonté d'une autre, que l'on peut traduire par le mot plus approprié de ſoumiſſion, ou même de ſervitude, & qui ne peut jamais être la ſituation d'une nation libre, n'exiſte-t-il pas entre les nations une dépendance, ou ſi l'on veut, un devoir de procédés, que les différentes ſituations où elles ſont entr'elles, rendent plus fort & plus étendu? N'eſt-ce pas en vertu de ce devoir de procédés que les nations alliées s'inſtruiſent généralement des négociations d'une certaine importance qu'elles entreprennent avec d'autres puiſſances? Et cette eſpète de devoir n'a-t-il pas quelque choſe de plus précis, quand la négociation peut par ſa nature, par ſon époque, effrayer la nation amie pour fes propres intérêts ? Ce devoir genéralement obfervé par les puiffances alliées pourrait même être appellé la *Loi des nations* avec plus de titre, que le droit de prendre des propriétés ennemies à bord des bâtimens neutres. Il eft fondé fur l'intérêt comme fur la convenance réciproque entre nations amies ; & c'eft à ce titre que la nation françaife peut reprocher aux États-Unis fa diffimulation dans fa négociation avec l'Angleterre, alors en guerre avec la France, & il eft difficile que ce reproche femble exagéré.

M. Pickering dit que cette communication a été faite à la France dans toute l'étendue que *la candeur& la fincérité le demandaient, en l'informant officiellement que M. Jay avait dans fes inftruEtions de ne point altérer les anciens engagemens de l'Amérique avec elle.* Mais fi les avantages qu'avait la France par fon traité avec l'Amérique fe font évanouis par le traité de l'Angleterre : fi l'Amérique confent à des conditions défavantageufes, ruineufes pour la France : & fi de fait, l'Angleterre devient par ce traité, la nation la plus favorifée par l'Amérique, ainfi que cela eft indubitable par la faculté qui lui eft paffée comme un droit, de prendre les propriétés françaifes fur les bâtimens américains, & par l'article qui augmente la lifte de matières de contrebande, de celles les plus effentielles à la France, où font donc cette candeur & cette amitié ? M. Jay, dit le Miniftre Pickering, a été fidèle à fes inftruEtions, en inférant dans le 25eme. article du dernier traité , la ftipulation implicite que rien de ce qui y était contenu ne *détruifait & n'altérait les traités publics précédemment faits , & aujourd'hui exiftant avec les autres fouverains & puiffances.* Mais fi ce traité agit évidemment contre les intérêts de la France, cette ftipulation eft-elle autre chofe qu'une déception ?

Débaraffons nous de la controverfe chicanière des avocats diplomatiques, & examinons cette queftion avec fimplicité & bonne foi. Quand une nation fait déclarer à fon alliée que dans la négociation qu'elle entreprend avec une autre puiffance, elle ne fe départira pas des engagemens précédemment contractés avec elle, peut-on, doit-on entendre cette déclaration autrement que comme une affurance, que la'fituation de fon alliée, après la nouvelle négociation reftera la même qu'elle était avant qu'il en fut queftion ; qu'elle ne perdra rien de fes avantages précédens, qu'elle ne fouffrira en rien dans fes intérêts par cette négociation nouvelle ? La candeur peut-elle donner un autre fens à cette déclaration ? Car fi le gouvernement qui fait cette déclaration n'entendait par elle que le projet de ne point altérer la lettre d'aucun des articles contenus dans les traités antécédemment faits avec fon ami, fans s'embaraffer des conféquences défavorables à cet ami, qui pourront réfulter de la confervation machinale de l'énoncé des traités précédens, il ne pourrait pas donner cette déclaration comme l'accompliffement d'un devoir d'amitié & de fincérité , puifqu'il fe réferverait dans fa penfée la faculté de nuire aux intérêts de fon ami. Cette déclaration ainsi entendue, constaterait déjà, dans l'alliée qui la ferait, une disposition de mauvaise intention, de malveillance : peut-être de profonde finesse, mais sûrement pas de sincérité. Ce n'est donc pas ce genre de déclaration que la France a pu soupçonner le gouvernement des États-Unis de lui faire, lorsqu'il lui annonçait qu'il envoyait en Angleterre *pour revendiquer ses droits offensés, & pour tâcher, en en obtenant le redressement, d'éviter la guerre.* Cependant ce traité nuit évidemment aux intérêts de la France. La renonciation faite par l'Amérique de porter des vivres, des munitions de guerre, des bois de construction, à toute puissance en guerre avec l'Angleterre, la prive de ressources essentielles : comme le droit reconnu à l'Angleterre de prendre les propriétés ennemies sous pavillon Américain, livre à cette puissance le commerce de la France. L'admission des vaisseaux de guerre anglais & de leurs prises dans les ports américains, assimile à cet égard l'Angleterre à la France, accroit par conséquent les dangers de la guerre pour celle-ci, qui seule par le traité de 1778, avait l'avantage de cette admission. Tous ces faits, tous ces résultats sont certains ; ils ne peuvent être niés par qui que ce soit. Sont-ils les conséquences qu'on devait attendre de la déclaration faite à la France par le gouvernement américain, sous les couleurs de l'amitié & de la sincérité ? Et ces résultats ne deviennent-ils pas plus ruineux & plus offensans pour la France, quand le traité qui l'opère est fait au moment où elle est

en

en guerre avec l'Angleterre, affaillie par plufieurs autres puiffances, a le befoin le plus éminent des reffources dont il la prive. Le traité ainfi conçu & fait à cette époque, n'eft-il pas une complicité prononcée, au défir qu'exprimait hautement l'Angleterre d'affamer la France, de ruiner fon commerce, fa marine, de lui nuire par tous les moyens ? Ceci n'eft pas une déclamation d'avocat, une interprétation artificieufement faite de mots ou de phrafes, une conféquence artificieufement déduite de quelques paffages de publiciftes : c'eft un énoncé clair, fimple, pofitif des faits dont je foumets le jugement à tout efprit fage & impartial, à quelque pays qu'il appartienne.

Je ne fuivrai pas le Miniftre Pickering dans fes réponfes aux plaintes faites par le Miniftre Français au fujet des proclamations, des ordres donnés aux officiers de la douane, des entraves de toute nature mifes à l'admiffion des prifes françaifes dans les ports américains, aux décifions contraires au traité qui ont eu lieu, à la faveur donnée aux armemens de corfaires Anglais, &c; ce ferait un plaidoyer fans fin comme fans utilité. Je penfe que l'on trouvera dans les réponfes du Miniftre Pickering, dans la manière même dont il rend compte des différens faits qui ont donné lieu à ces plaintes, la preuve qu'elles ne font pas fans fondement. Ces faits ne font d'ailleurs que la conféquence des principes, par lefquels le gouvernement des États-Unis a fait fon traité avec l'Angleterre, de la préférence qu'il a voulu manifeftement lui donner au détriment de la France. Ainfi quelques-

C

tins de ces faits présentés par le Ministre de France
manquassent-ils d'exactitude, ou fussent-ils susVcepti-
bles d'une interprétation différente de celle qu'il leur
donne, la question ne change pas de nature. La
France est-elle mise par les États-Unis, & par leur
traité avec l'Angleterre, dans une situation plus défa-
vorable qu'elle n'était avant le traité : la question est
toute là.

Le Ministre Pickering semble s'étonner que la
France mette au nombre de ses griefs, contre le traité
anglais, le tort qui peut en résulter pour ses alliés.
Il est simple peut-être, que le Sécrétaire d'État du
gouvernement des États-Unis montre une telle surpri-
se, & qu'il ignore que toutes les puissances ont toujours
mis le soin des intérêts de leurs alliés, au rang de leurs
premiers devoirs. Avec un peu plus de connaissance
du monde & des affaires, M. Pickering saurait même
que la fidélité aux alliés, conséquence naturelle de
la loyauté, est encore le résultat d'un calcul bien
entendu.

Aux reproches faits par le Ministre français au
gouvernement des États-Unis, d'avoir agité s'il ne
recevrait pas un envoyé des princes français proscrits,
le Ministre Pickering eût pu peut-être, en maintenant la dignité de son gouvernement, répondre qu'un
État ne doit à ses alliés compte que de ses actes, &
non de ses pensées, quand elles n'ont été suivies d'aucun effet ; mais il n'aurait pas trouvé dans cette réponse simple & digne, l'occasion d'attaquer la France dans l'opinion du peuple Américain, & c'est

une tâche qui lui eft chère. On aurait pu difficilement
fuppofer qu'il en eût cherché les moyens dans la
reconnaiffance faite par la France en 1778 , de l'indépendance des États-Unis. C'eft cependant là encore
qu'il dit les trouver.

Jufqu'ici les écrivains du parti , établiffaient en
principe , que la reconnaiffance nationale eft une
chimère ; que l'Amérique n'avait aucune obligation
à la France des fecours qu'elle en avait reçus , parce
que celle-ci n'avait eu en vue que fon intérêt perfonnel ; ils imprimaient auffi que, fi quelque fentiment de
gratitude pour les puiffans fecours donnés par la
France , & qu'il eft difficile de nier abfolument ,
pouvait être éprouvé par les Américains , c'était vers
la mémoire du dernier roi qu'elle devait fe porter,
puifqu'alors il était fouverain abfolu dans fon royaume,
& non vers la Nation françaife , qui n'était que
paffive. Ils voulaient oublier , ou peut-être ils igno-
raient , que l'opinion publique était alors en France
plus puiffante que la fouveraineté du Monarque ; que
celui-ci , dans fa toute-puiffance , n'eût ofé la braver ,
& particulièrement dans une circonftance auffi importante ; que la trouvant analogue à la fienne , il n'a
fait que la fuivre. Ces écrivains femblaient ne pas fe
fouvenir que c'eft le fang & les tréfors français ,
qui ont été répandus pour cette grande & belle caufe,
que tous les cœurs français embraffaient avec ardeur ;
mais il fallait dépopularifer la Nation françaife parmi
le peuple américain , & pour remplir une auffi pré-
cieufe tâche, la vérité & même la vraifemblance , ne

font pas plus refpectables que la délicateffe. Aujour-
d'hui le gouvernement américain , par fon Miniftre
Pickering , attaque le Roi & fon Miniftère , qu'il
avait ordonné à fes employés de refpecter jufqu'ici.
Voyons les griefs qu'on leur reproche , & les motifs
fur lefquels on les fonde.

Le Roi dans la part qu'il a prife à la guerre
d'Amérique , n'a eu en vue que de diminuer la
puiffance & les reffources navales de l'Angleterre , &
cependant il ne s'eft déclaré que quand la perte de
l'armée de Burgoyne a démontré à l'Angleterre
l'impoffibilité de pouvoir reconquérir fes colonies ;
d'où il réfulte en bonne logique , que la France n'a
donné à l'indépendance de l'Amérique que des fecours tardifs , que des fecours dont elle pouvait fe
paffer. Les preuves en font évidemment , au dire du
fecrétaire d'État , dans les obfervations faites par la
Cour de France , au mémoire publié par la Cour
de St-James , pour juftifier la guerre qu'elle décla-
rait à la France pour fon traité d'alliance & de commerce avec les États-Unis.

Il y a quelque chofe de dégoûtant pour celui qui
écrit avec bonne foi , de s'employer à repouffer des
inculpations qu'il fait ne pouvoir pas être faites avec
fincérité : car s'il les croyait fincères , il devrait
croire auffi celui qui les rédige , entièrement dépourvu des plus légères notions des procédés de la
politique , & de l'hiftoire même de fon propre pays.
Mais enfin elles font écrites par le Miniftre Pickering ; il faut donc paffer par-deffus le dégoût , & y
répondre ; ce fera auffi brièvement que poffible.

Que le Roi , en prenant part à la guerre d'Amérique , ait eu en vue de diminuer les forces de l'Angleterre rivale de la France , rien n'eſt plus probable ,
rien n'eſt plus naturel dans l'ordre commun des
déterminations politiques. Les actes , je ne dis pas
ſeulement des nations , mais des particuliers , où la
conſidération des intérêts perſonnels n'eſt pas con-
ſultée , ne ſont pas communs. Les États-Unis pou-
vaient-ils croire , que ſi la France eût vu ſes intérêts
oppoſés à la ſecourir , elle s'y fut prêtée ? N'ont-ils
pas dépêché à la Cour de France des envoyés , pour
chercher à la convaincre que leur ſéparation d'avec
l'Angleterre était ſon véritable intérêt , & pour ap-
puyer ſur cette baſe , la demande , d'abord de ſecours ,
enſuite d'une alliance ouverte , dont ils ſe reconnaiſ-
ſaient un beſoin ſi urgent ? Les envoyés ſont arrivés
en France en 1777. Si la Cour de France n'a conclu
qu'en 1778 le traité d'alliance avec l'Amérique ,
n'eſt-il pas de notoriété publique , qu'elle l'avait long-
tems avant cette époque ſecourue d'armes , d'argent ,
d'officiers. Ces officiers arrivaient comme volontaires ,
ils étaient envoyés par M. Dean , alors agent des
États-Unis ; mais ces officiers appartenaient à l'armée
de France , à des corps diſtingués par leur inſtruc-
tion , & ſi preſque tous ſuivaient l'impulſion de leur
ſentiment en venant ſervir la cauſe de la liberté
américaine , peu d'entr'eux s'y feraient peut - être
réſolus , s'ils n'avaient pas été ſûrs en revenant , de
retrouver leurs grades & leurs places ; enfin , c'était
de fait des officiers envoyés par le Miniſtre de la

guerre. Les armes étaient auffi achétées à des négocians par l'agent d'Amérique ; achetées, c'eft-à-dire
qu'il promettait de les payer, mais les négocians
étaient les hommes du Miniftère, & les armes étaient
tirées des arfenaux de la guerre ; les draps l'étaient
des magafins de la guerre ; l'argent avancé auffi au
compte du Congrès, ou de quelques autres États
particuliers, fortait du tréfor royal. Enfin, la frégate
cédée à la Caroline du Sud, fous le nom du P. de
Luxembourg, était achetée, équipée, armée aux
dépens du Roi, ainfi que le conftatent les réclamations du Miniftre de la marine (M. Le Maréchal de
Caftries), au fujet de la dette qui en eft réfultée.
Ma mémoire ne me fournit pas le fouvenir des exemples multipliés où la France, fans fe montrer encore
à découvert, a aidé puiffamment la caufe de l'Amérique, mais elle me rappelle bien fidellement le
fouvenir de toutes celles que je cite.

M. Pickering fait un reproche à la Cour de France
de ne s'être déterminée à l'alliance avec les États-Unis
qu'après la prife de Burgoyne. Mais peu de tems
avant cette époque, l'opinion du peuple américain
fur le fait de l'indépendance, était loin d'être uni-
forme. Beaucoup d'amis même de la liberté réfolus à
obtenir le redreffement des torts, étaient toutesfois
difpofés à un accommodement, & un grand nombre
de ceux qui fe joignent aujourd'hui au gouvernement
des États-Unis, pour reprocher à l'ancien gouvernement de France, de n'avoir pas pris affez tôt part
à la querelle de l'Amérique, [réunis alors aux enne-

mis de celle-ci , brûlaient ſes villes , enlevaient ſes beſtiaux & ſes [eſclaves , aidaient les ſauvages dans leur barbarie. La France a donc du attendre pour ſe déclarer ouvertement, un peu plus d'unanimité dans les opinions : en attendant cette unanimité , elle a aidé puiſſamment & conſtamment la cauſe américaine. Si le vœu de la France n'eût été que d'affaiblir l'Angleterre , & ſi en même tems ſa politique eût été machiavélique , elle eût continué à donner ſes ſecours ſous pavillon étranger , & ne ſe ſerait jamais déclarée. Il était aiſé de juger alors , qu'au point où en étaient venue les choſes , une réconciliation entre l'Angleterre & ſes colonies ne pouvait être de longue durée ; & comme des troubles euſſent probablement agité l'Amérique long-tems encore ſans fixer ſon ſort, l'Angleterre aurait été entrainée dans des dé-penſes , dans des armemens continuels , dans une longue guerre inteſtine , qui aurait toujours plutôt ou plus tard , fini par la perte de ſes colonies ; par con-ſéquent par ſon affaibliſſement , qu'on ſuppoſe , avoir été alors l'objet de la France. Le Roi , en ſe condui-ſant ainſi , eût évité le danger qui lui était préſenté dans ſon Conſeil (choſe mémorable), d'éveiller trop dans le peuple Français l'eſprit de liberté , en prenant ouvertement parti pour des colonies en guerre avec leur ſouverain. Mais le vœu du Roi & de ſon Conſeil, était comme celui de la Nation françaiſe , de ſervir franchement la cauſe américaine, qui leur ſemblait évidemment juſte ; & ſi pour ſe déclarer il a attendu le moment où il put le faire avec plus d'efficacité, la malveillance feule peut lui en faire un reproche.

Après cet expofé fimple des faits, il peut paraître inutile de combattre les preuves que M. Pickering croit trouver de fon affertion dans les obfervations publiées par la Cour de France, dont j'ai déjà parlé. La plûpart des manifeftes des puiffances font plutôt des déclamations étudiées, qu'un expofé fidèle des faits & des motifs. Aucune des puiffances, ne veut fe reconnaître l'aggreffeur, & des raifonnemens à perte de vue font employés par toutes, pour accufer les autres du premier tort. Perfonne ne croit à ces argumens politiques & dans l'idée que je me fais de ce que doit être la politiqne d'une grande nation, je fuis loin d'approuver ce fyftême ; mais l'ufage ne l'a pas moins adopté. Je ne dois donc dans le cas actuel raifonner que d'après lui, & tous ceux qui voudront raifonner jufte, ne prendront pas une autre bafe. La Cour de France pouvait-elle avouer au monde entier, qu'elle avait excité & fervi les colonies américaines, dans leur défir de fecouer le joug de l'Angleterre ? Pouvait-elle donner à fon traité avec ces colonies, à fa réfolution de foutenir leur indépendance de toutes fes forces, d'autre motif que celui des attaques faites à fon commerce par l'Angleterre, que la néceffité de chercher en conféquence, pour fon propre avantage & pour le falut général de l'Europe, à diminuer les forces de cette puiffance, qui exerçait le defpotifme fur les mers ? C'était déjà beaucoup, dans les opinions d'alors,

pour

pour le Roi d'une monarchie abſolue , de ſe déclarer
pour la cauſe de la liberté. Sa déclaration de l'intention unique de ſoutenir l'inſurrection de ſujets contre
leur ſouverain , eût eu alors peu de faveur dans toutes
les Cours de l'Europe , & y eût fait paraître le cabinet de Verſailles ſous un mauvais jour. Il lui a donc
fallu auſſi , en argumentant en faveur de ſon traité
avec ce nouveau peuple, dont il reconnaiſſait l'indépendance , dire qu'au moment où il ſe liait à lui , ce
peuple était indépendant de fait , & que les forces de
l'Angleterre ne pouvaient plus altérer cette indépendance. Le Roi de France pouvait-il reconnaître
hautement le droit des nations, de ſe donner la forme
de gouvernement qu'elles préfèrent ? Mais à côté de
cette pièce écrite dans le ſtyle politique accoutumé ,
interrogeons les faits. La France a-t-elle ou non aidé
l'Amérique, même avant la déclaration de ſon indépendance ? & ſi cette indépendance était réelle ,
inconteſtable , inaltérable , pourquoi les États-Unis
lui ont-ils démandé ſi inſtamment des ſecours ? Ces
ſecours enfin ont-ils été efficaces ou non ? Ont-ils
abrégé ſa querelle , ſes dangers , ſes malheurs ? (car
je ne prétends pas dire que ſans eux , l'Amérique
n'eût pas fini par triompher). C'eſt à l'Amérique
entière à juger , & je ne récuſe à cet égard le jugement que de ceux dont l'eſprit de parti peut avoir
égaré l'opinion, ou effacé leſſouvenirs.

Que l'on ne voye pas ſi l'on veut dans ces ſouve-
nirs , des motifs de reconnaiſſance , à la bonne heure.
Mais me trouvera-t-on trop exigeant , ſi je demande

qu'au moins pour s'en exempter, on n'altère pas les faits, & que l'on ne cherche pas à transformer la loyauté & la bienveillance, en mauvaise intention & en perfidie.

Il me semble que cette courte explication répond suffisamment à toutes les pages de citations tirées du mémoire de la Cour de France, que produit le Sécrétaire d'État Pickering. Il ne sera cependant pas sans utilité, peut-être, d'opposer au sentiment de ce ministre, celui d'un de ses compatriotes le Docteur Ramsey, auteur de l'histoire de la révolution d'Amérique, histoire écrite sur les pièces originales déposées dans les archives du Congrès, & regardée comme la plus impartiale.

" Tandis que le Congrès employait avec vigueur
,, les propres ressources de l'Amérique contre l'An-
,, gleterre, il ne négligeait pas celle bien importante
,, des négociations. Depuis la déclaration de l'indé-
,, pendance, les nouveaux États désiraient ardemment
,, l'alliance des puissances étrangères, & particuliè-
,, rement de l'ancienne & puissante monarchie Fran-
,, çaise. Je laisse à ceux qui écriront l'histoire genérale
,, des affaires de l'Amérique, à rendre compte avec
,, détail des raisons qui retardèrent la ratification
,, d'un traité, proposé de bonne heure entre le
,, Congrès & le Roi de France. Dans cet apperçu
,, de la révolution, il me suffit de dire, que les
,, commissaires des États - Unis ne pouvaient pas
,, s'adresser à la Cour de France dans des circons-
,, tances plus favorables. Le trône était occupé par

,, un Prince dans la fleur de fon âge, animé du défir
,, de rendre fon regne glorieux ; & les moyens que
,, le Roi employait pour arriver à cette fin, étaient
,, la vertu, la juftice, la fermeté & la modération.
,, Le Comte de Vergennes, Miniftre fidèle du Mo-
,, narque, avait vieilli dans la carrière politique, &
,, était convaincu que les conquêtes ne font ni le
,, plus court, ni le plus fûr moyen d'arriver à la
,, vraie grandeur. Il penfait que le Monarque, dont
,, le vœu eft de rendre fon règne illuftre & de fe
,, rendre l'arbitre des nations dont il eft environné,
,, doit montrer une grande modération, fe rendre le
,, protecteur du faible & de l'opprimé, fans tirer
,, aucun avantage de leur fituation ,,.

" Gouverné par ces principes, Louis XVI figna
,, le 6 Février 1778, un traité d'amitié, de com-
,, merce & d'alliance avec les commiffaires améri-
,, cains envoyés à Paris, fur le pied de la plus
,, parfaite égalité & réciprocité. Ainfi ce monarque
,, illuftre, devint le garant de la fouveraineté & de
,, l'indépendance des treize États-Unis de l'Améri-
,, que du Nord. Une alliance auffi puiffante, ajoutée
,, à la force naturelle de l'Amérique, allarma la
,, Grande-Bretagne, & la détermina à tenter une
,, nouvelle négociation pour recouvrer fes anciennes
,, colonies. *(Hiftory of American Revolution, 1ft vol.*
,, *page 177)* ,,.

On pourrait, à cette citation de l'ouvrage d'un
particulier, ajouter celle de tous les actes publics,
foit du Congrès, foit de différens États, à la

même époque, & rappeller enfin M. Pickering à l'opinion publique d'alors. Il reconnaîtrait, peut-être, que celle qu'il professe aujourd'hui est d'invention nouvelle. Mais que fait l'opinion de M. Pikering ? Et je pense qu'il est peu d'autres Citoyens des États-Unis à qui ces citations soient nécessaires.

A la suite de ces reproches faits à la Cour de France sur son intention dans son alliance avec les États-Unis, & sur son délai de se déclarer en leur faveur, le Ministre Pickering l'accuse de deux autres actes de perfidie. *Elle voulait empêcher l'Angleterre de traiter avec les États-Unis pour la paix, comme avec une Nation indépendante & sur un pied égal, & elle voulait que les Espagnols ne leur cédassent pas la propriété des territoires de l'Ouest & la navigation du Mississipi.* Toutes ces assertions ne sont appuyées d'aucune preuve, d'aucunes pièces qui puissent déterminer la croyance des hommes qui n'aiment pas à croire sans motif; ce sont des inculpations & des injures, & voilà tout. On pourrait même s'étonner que le Sécrétaire d'État d'une grande Nation se permît d'argumenter, sans plus d'autorité, dans une pièce politique destinée à être répandue. Mais ce défaut de logique s'explique aisément, 1°. par la malveillance qu'il est question de répandre en Amérique contre la France ancienne, présente, & même contre la France future ; & 2°. par l'intérêt, qui est joint au premier, de montrer M. Jay comme le négociateur le plus fin, le plus habile, le plus ferme, comme l'homme par excellence , même aux dépens de la mémoire du Docteur Franklin, qui , d'après cette partie de la dépêche de M. Pickering, paraît n'avoir été qu'un *manequin* dans cette grande négociation , tandis qu'en Europe on l'en a toujours cru le ressort principal. Si je voyais des apparences de preuve à l'appui de ces inculpations , j'y chercherais la vérité ; mais il n'y en a pas ailleurs que dans l'opinion de M. Jay, dont sans doute M. Pickering est l'organe fidelle ; & comme on dit que le Gouverneur Jay voit la révolution française dans l'*Apocalypse*, il est permis de craindre de s'égarer en suivant les écarts de son imagination.

Enfin , la dernière preuve fournie par le Ministre Pickering de la perfidie de la France , il la trouve dans les instructions données à M. Genet par le Conseil exécutif du tems de Robespierre, & comme le Conseil exécutif y dit : *que le Machiavélisme influençait les opérations de l'ancien gouvernement dans la guerre de l'indépendance , & que la même duplicité régnait dans ses négociations en tems de paix*, M. Pickering veut y montrer une preuve indubitable de la déloyauté de cet ancien gouvernement. Il faut s'être bien fortement commandé la modération, pour ne pas se livrer à l'indignation en mentionnant un tel paragraphe. Quel est le pays, même sauvage , où les assertions d'un ennemi servent de preuve contre un accusé ? Si ce pays a jamais existé, c'était la France dans

toutes les horreurs & tous les crimes des Tribu-
naux révolutionnaires de *Robefpierre*, *Collot d'Her-
bois*, &c. Mais eût-on pu croire que cet infâme
fyftème ferait profeffé dans le cabinet du Secrétaire d'État des États-Unis ? Le Confeil exécutif
était la tête du parti qui avait renverfé la dernière
Conftitution, détrôné & condamné le Roi. Pouvait-il ne pas chercher dans les torts dont il char-
gerait l'ancien gouvernement, les motifs plaufibles
de fa conduite ? N'était-il pas de fon intérêt de
s'efforcer à le déshonnorer aux yeux du monde
entier, particulièrement aux yeux de la nation qui
avait profeffé le plus d'attachement pour ce prince ;
& M. Pickering croyait-il à ce Confeil exécutif
une morale capable de fe refufer aux inventions qui
fervaient fes intérêts ? On eft honteux d'avoir à
toucher une telle matière, & il faut fe hâter de
la laiffer ; non pas cependant fans faire remarquer
que ce même Confeil exécutif, aujourd'hui cru en
témoignage par M. Pickering, & dont la partie
des inftructions néceffaires à la malveillance ac-
tuelle eft imprimée, en avait donné d'autres fe-
crètes à M. Genet, qui, dans tous les points de
fa conduite, généralement défapprouvée en Amérique, n'a pu agir par fa feule impreffion.

Ces faits ainfi expofés, M. Pickering fe demande
ce qui, d'après ces intentions & cette conduite de
la France, a pu produire cet attachement des
Américains pour les Français, qu'il voudrait bien
pouvoir méconnaître : & il en trouve la raifon

dans les victoires que les deux armées ont rempor-
tées ensemble contre l'ennemi commun , & dans
quelques affections particulières d'Américain à
Français, que la nation Américaine a bien voulu
ensuite étendre sur la nation Française , sans s'in-
former des motifs qui l'avait porté à se ranger
de son côté. Sa générosité & sa justice ne peuvent lui en présenter d'autres. C'est aux Américains bons, justes & d'une mémoire fidelle , à
approuver ou à désapprouver cette explication que
le Ministre Pickering donne de leurs sentimens :
eux seuls peuvent connaître de cette matière.

Je terminerai cet article par la citation d'une
partie d'un morceau sur la reconnaissance nationale
que j'ai lu il y a quelques semaines dans une ga-
zette de New-York , & qui m'a frappé :

" Le second principe , dit l'Auteur , sur lequel
,, s'appuye la nouvelle doctrine par laquelle on
,, cherche à prouver aux Américains qu'il ne doit
,, pas exister de reconnaissance nationale, est que
,, les Nations, en se rendant service , n'ont que leur
,, propre intérêt pour objet ; qu'ainsi c'est seule-
,, ment à elles-mêmes qu'elles cherchent alors à
,, être utiles ; d'où l'on conclut que l'intérêt de
,, la Nation obligée n'ayant été pour rien dans
,, l'intention de la Nation obligeante , la gratitude
,, n'a aucun fondement & serait folie. La recher-
,, che dans les intentions des services rendus n'est
,, pas d'invention nouvelle ; dans tous les tems on
,, a vu des hommes y trouver le pretexte d'oublier

,, les services qu'ils avaient reçus, & en jouir
,, sans souvenir. Dans tous les tems auffi on **en a**
,, trouvé qui ne voyaient dans le service que le
,, service même, & qui dans leur jouiffance n'en
,, perdaient pas le souvenir. Dans tous le tems
,, enfin, il femble que l'opinion générale a été plus
,, favorable à cette dernière claffe d'obligés; mais
,, allons plus loin.

,, Plufieurs Moraliftes ont avancé que l'intérêt
,, perfonnel était le principe de toutes les actions,
,, même de tous les fentimens des hommes, de
,, tous jufqu'au dévouement de la tendreffe pater-
,, nelle, de la piété filiale, de l'amour conjugal.
,, Que le befoin trouvé impéricufement dans le cœur
,, des hommes, d'agir de telle ou telle manière,
,, dans telle ou telle circonftance, détermine im-
,, périeufement toutes leurs actions, & qu'ainfi en
,, agiffant avec le plus de générofité, ils ne font
,, qu'obéir à leurs fentimens, & par conféquent
,, que fervir leurs intérêts. Cette propofition, toute
,, méthaphyfique, fut-elle vraie, quel eft le père,
,, quel eft le mari, qui devant la vie de fon en-
,, fant où de fa femme au dévouement d'un hom-
,, me qui les auraient fauvés des affaffins ou du
,, feu, fe croirait, fe dirait exempt de recon-
,, naiffance envers eux, parce que cet homme
,, en s'expofant au danger, n'aurait fait qu'o-
,, béir au fentiment de fon cœur? Je vais plus
,, loin : un homme peu riche eft attaqué dans la
,, poffeffion de fa médiocre fortune, par un homme
opulent;

„ opulent ; fa caufe eft évidemment jufte ; mais il
„ eft dépourvu de moyens néceffaires pour foutenir
„ un procès long & difpendieux, & il eft au mo-
„ ment de fuccomber fous l'oppreffion & l'avidité
„ de fon perfécuteur ; un troifième homme inter-
„ vient, qui, l'aidant de fes confeils & de fa
„ bourfe, lui donne les moyens de défendre fon
„ droit, & il gagne fa caufe. Ira-t-il rechercher fi
„ celui au fecours duquel il doit le maintien de fa
„ fortune, était l'ennemi invétéré de fon agreffeur,
„ & s'il trouve dans cette recherche un motif
„ d'oublier le bienfait, l'opinion des honnêtes
„ gens ne fera-t-elle pas fa condamnation ?
   " Mais pour donner un exemple plus fait peut-être
„ pour être généralement fenti dans les pays que
„ nous habitons : Les fervices importans rendus à
., l'Amérique par George Wafhington, font connus
„ de tout le monde : le courage, la fageffe, la
„ perfévérance avec lefquels il a combattu & fur-
„ monté les obftacles de toute nature pendant la
„ guerre de l'indépendance, ne font ignorés de per-
„ fonne : fon dévouement à ce qu'il croit l'intérêt
„ de fon pays, ne peut être révoqué en doute,
„ même par ceux qui le croient fufceptible d'erreur
„ & l'expreffion conftante de la reconnaiffance publi-
„ que, a été la conféquence de cette opinion géné-
„ rale. Si aujourd'hui, qu'un grand nombre de fes
„ fervices font déjà anciens, fes détracteurs, s'il en
„ a, recherchant le principe de fes actions, n'y
„ voulaient trouver qu'ambition, qu'amour de gloire,

E

,, par conféquent qu'intérêt perfonnel , & tendiffent
,, ainfi à dégager l'Amérique de la reconnaiffance
,, qu'elle lui voue ; leurs efforts ne feraient-ils pas
,, fuivi de la cenfure publique , & les profeffeurs de
,, la doctrine que je combats , ne crieraient-ils pas au
,, blafphême ? Cependant il n'eft queftion ici que de
,, reconnaiffance purement nationale. (*Dayly Ad-*
,, *vertifer* , 22 *November* 1796) ,,.

La citation de ce morceau paraîtra , peut-être , à
quelques Lecteurs, étrangère à la difcuffion de la
dépêche de M. Pickering. Quant à moi, l'opinion
que j'ai eue que tous n'en jugeraient pas ainfi , m'a
fait paffer par-deffus l'inconvénient de fa longueur.

Si quelques-uns des gouvernans de France ou de
leurs Miniftres , ont exprimé le défir que l'Amérique confervât de la reconnaiffance pour la Nation
françaife , je les blâme. Dans le cas même où il eft
évident qu'elle eft due , il n'y a pas beaucoup plus
de délicateffe à la demander , qu'à la contefter.

J'avouerai auffi , d'accord avec le Miniftre Pickering, que l'Amérique a dans le commencement de
cette guerre , témoigné une bienveillance évidente à
la France , en devançant par les rembourfemens des
emprunts qu'elle avait reçus de cette puiffance , les
époques où ils étaient rigoureufement dûs ; en portant des fecours d'armes & d'argent à St-Domingue ,
en fecourant un grand nombre des malheureux habi-
tans , échappés aux défaftres de cette île. Je dirai
encore que les foufcriptions à cet effet ont été abon-
dantes , foutenues ; que l'humanité , la générofité des

Américains pour les Français fouffrans, fe font mani-
feftés par elles, d'un bout du Continent à l'autre.

Je fuis loin de cette difpofition, qui porte à
méconnaître les bons procédés, ou à leur chercher
un mauvais motif. Mais pourquoi cette bienveillance
qui exifte encore pour la France, dans la prefque
totalité du peuple américain, eft-elle entièrement
changée dans fon gouvernement? Pourquoi favorable
à la France, dans les temps où les crimes de fes
gouvernans euffent pû lui fervir de prétexte à s'en
éloigner, lui eft-il devenu contraire depuis que les
principes de modération, de juftice, d'ordre y font
rappellés, & qu'une conftitution régulière & fage,
affure leur durée? Pourquoi dans le même tems où
l'Angleterre accablait l'Amérique de traitemens ruineux & outrageans, le gouvernement des États-Unis
s'eft-il rendu fon complice, dans les moyens de def-
truction qu'elle préparait à la France, qui fe montrait
toujours fon amie; de fon défir de l'affamer, de
ruiner fon commerce? Et puifque malheureufement,
dans la recherche de ces caufes, il faut abandonner
la morale & la fidélité aux anciens engagemens,
quels calculs d'intérêt politique peuvent avoir guidé
le gouvernement des États-Unis? Ce n'en peut être
de profonds, car quelque fort que puiffe avoir la
conteftation préfente, fon iffue n'en fera pas, fans
doute, avantageufe à la profpérité, à la tranquillité,
à l'intérêt du Peuple américain.

Je fais qu'il eft généralement cru dans toute l'Amérique, que le traité fait avec l'Angleterre par M. Jay,

différe beaucoup des inftructions données à ce négociateur par le Préfident des États-Unis; que celui-ci
dans fon honneur national & dans fa juftice , a héfité
long-tems à prefenter au Sénat cette pièce politique ,
& que fa fageffe n'a admis le parti de l'accepter ,
que par la crainte d'entraîner l'Amérique dans une
guerre avec l'Angleterre , qu'on lui préfentait alors
comme inévitable. Je fais que plufieurs des plus zélés
défenfeurs du traité , ont dit , tout en le défendant ,
qu'à la place de M. Jay , ils n'auraient jamais confenti
à le figner. Je fais tout ce qu'on peut dire de la
faibleffe des États-Unis, de leur malheureufe néceffité
de fe départir quelquefois dans leur conduite politique , de la dignité , de la fermeté qu'ils aimeraient
mieux conferver ; mais ces particularités ne font rien
à l'état préfent des chofes : le traité avec l'Angleterre
exifte avec toutes fes claufes. Peut-il paraître éton-
nant que la France en reffente le procédé , & ne
ferait-elle pas un objet de dérifion univerfelle , fi elle
ne le faifait pas connaître ?

Si cette adhéfion de l'Amérique , au défir qu'avait
l'Angleterre, à l'époque du traité, de nuire à la France
n'était pas , ainfi que quelques-uns le fuppofent , le
feul effet de fa faibleffe , & qu'elle fut au contraire
le réfultat d'un calcul bien ou mal entendu de fes
intérêts , fans doute la liberté lui en ferait encore
entière , en matière de droit rigoureux , puifqu'elle
eft un État indépendant ; mais elle encourerait alors
les conféquences de ce calcul, comme dans la première fuppofition elle devrait s'attendre à encourir

les conféquences de fa faibleffe : car dans les deux cas
les faits font les mêmes, nuifibles aux intérêts de la
France, contraires aux intentions des traités précédemment faits, & la France eft auffi un État indépendant.

Dans ces circonftances fuivons fa conduite.

Tant qu'aucun traité nouveau n'a eu lieu entre
les États-Unis & l'Angleterre, la France a dû
fuppofer que la prife des vaiffeaux américains, par
les vaiffeaux anglais, était un abus de force que les
États-Unis n'avaient aucun moyen d'arrêter que
par la tentative de quelques réclamations faites avec
toute la prudence néceffaire à leur fituation ; & quoiqu'elle fouffrit réellement dans fes intérêts & par
la perte de fes propriétés prifes fous pavillon américain, & par la perte de la propriété de fon alliée, &
par l'enrichiffement de fon ennemi réfultans de ces
deux caufes, elle a dû laiffer aux réclamations de
fon alliée, toutes les chances pour obtenir le redreffement des torts dont elle fe plaignait, fans croire
même poffible de lui en faire un reproche. Mais
quand le redreffement de ces torts a été obtenu par
l'Amérique au détriment de la France, lorfque
l'Amérique a fanctionné de fon confentement ces
abus de force ; la France n'a pu fe borner à voir
dans cet acte un refroidiffement dans l'alliance ; elle
a dû y voir un abandon pofitif de fes intérêts.

Alors, que dit-elle à l'Amérique ? Empêchez
que nos propriétés, auxquelles nous penfions
trouver un sûr afile fous votre pavillon, ne

foient violées par vos nouveaux amis , ou nous ne refpecterons pas les fiennes couvertes de votre pavillon , que nous avons eu fi long - tems plaifir à confondre avec le nôtre. Nous fommes fâchés d'être réduits à cette néceffité ; mais nous y fommes forcés par vous. Vous avez , par un nouveau traité avec nos ennemis, détruit nos avantages ; vous avez renoncé aux vôtres même , pour livrer nos biens ; foit volonté entière de votre part , foit faibleffe, nous fommes traités de fait par vous comme ennemis ; nous ne vous en portons pas un auffi grand reffentiment que fi votre volonté était une , & vos moyens puiffans. Mais tirez-vous un moment de la queftion , & fuppofez que nous recourons à votre avis dans un cas pareil où vous ne feriez pas intéreffés ; pourriez-vous nous confeiller de refter victimes paffives de l'influence anglaife fur les décifions d'un gouvernement qui agirait contre nos intérêts & l'efprit réel de nos traités ?

Voilà la fubftance de la note de M. Adet , où plutôt de l'arrêté du Directoire exécutif qui en eft le motif.

La France voulut-elle exercer perfonnellement une repréfaille contre l'Amérique pour le tort qu'elle en reçoit, elle eft réellement dans la fituation qui lui en donne le droit en toute juftice : mais c'eft contre l'Angleterre même qu'elle cherche ainfi à continuer la guerre. En prenant les propriétés anglaifes fous pavillon américain, ainfi que les fien-

nes font prifes, elle rend d'abord à l'Angleterre le
mal pareil à celui qu'elle en reçoit ; elle fait plus
encore, car les trois quarts du commerce des ports
de l'Amérique appartenant à l'Angleterre, ou fe
faifant fur des fonds anglais, les bâtimens américains
font réellement propriétés anglaifes, & l'Angleterre
fouffre à elle feule plus des trois quarts de ce dommage ; mais l'appas fi cruel & malheureufement fi
néceffaire de nuire puiffamment à fon ennemi, ne
ferait pas une raifon qui pût motiver la conduite de
la France & fa déviation de fon traité avec l'Amérique, fi l'Amérique n'avait pas de fait violé le
traité la première. Si quelque tribunal fuprême pouvait connaître de cette queftion de violation de
traité entre l'Amérique & la France, le gouvernement des États-Unis pourrait trouver des défenfeurs ;
mais à coup fûr les *Jurys* donneraient leur opinion
contre lui ; & l'on peut, à cet égard, en appeller
avec fureté à la confcience intime d'un grand
nombre de ceux qui, dans le Congrès, dans les
affemblées des villes, &c. ont donné leur voix pour
le traité ; & ils diraient que dans la funefte pofition
où le négociateur Jay avait mis les affaires, ils ont
voté pour éviter la guerre ; qu'après la ratification
du traité, ils ont voté encore pour foutenir le gouvernement qu'ils croyaient dangereux d'abandonner,
mais qu'ils ont toujours prévu des conféquences fâ-
cheufes à ce traité, reconnaiffant clairement que
l'Angleterre n'y avait aucun objet plus à cœur que
celui de femer des germes de mécontentement entre

la France & les États-Unis, que de rompre l'union des deux Nations.

Je ne puis comprendre dans la conduite de la France la faisie qui se fait aujourd'hui dans les Colonies françaises, des bâtimens américains, à quelques ports qu'ils soient destinés & de leurs cargaisons, sans estimation, sans payement, sans engagemens de payer : je ne chercherai pas à justifier un tel désordre, & je ne vois nulle part que le gouvernement de France ait, par aucune instruction, donné le moindre lieu à ces exactions injustes, cruelles, sauvages & aussi contraires par leur effet à l'intérêt de l'approvisionnement des Colonies, qu'à celui des propriétaires qui en sont la victime.

Le Ministre Pickering, en cherchant à donner raison de la demande qu'il avait faite au Ministre de France dans sa dernière réponse, d'une explication à l'arrêté du Directoire, dit entr'autres argumens, que cet arrêté déclarant que le pavillon français se conduirait avec les pavillons neutres, comme les pavillons neutres souffriraient que le pavillon anglais se conduisît avec eux, l'exécution de ces conditions destructives du commerce américain est laissée à la volonté des corsaires français qui, soit par leur éloignement de leur pays, soit par avidité particulière, ignoreraient ou feindraient d'ignorer la véritable détermination, la conduite véritable de l'Angleterre à cet égard. Mais si un accord était fait entre l'Amérique & l'Angleterre,

par

par lequel le commerce de la France ne serait plus
inquiété sous le pavillon des États-Unis, les prises
ultérieures faites par les vaisseaux français, corsaires ou
autres, seraient dans le cas de la restitution. Comme
par tout traité de paix, toutes prises de territoires,
de propriétés faites dans les pays éloignés après les
articles signés, sont déclarées nulles & restituées.
Cette question se répond tellement d'elle - même,
qu'il est difficile de penser que le Ministre Pickering ait pu juger qu'elle rendait une explication
nécessaire.

Le Ministre Pickering fait, dans sa dépêche à
M. Pinkney & dans sa précédente réponse à M.
Adet, un crime au Ministre Français d'avoir publié
sa note au Secrétaire d'État, en date du 27 Novembre dernier. Il a, dit-il, violé le droit des gens.
En appeller au peuple des actes de son gouvernement, c'est tenter d'exciter une insurrection : c'est
la provoquer. Mais que les esprits sages, qui ne
veulent prononcer que d'après la justice (car je ne
prétends pas persuader l'esprit de parti) ; que les
esprits sages dis-je, se mettent un moment dans la
position d'un Ministre d'une nation étrangère, d'une
nation alliée qui, dans les circonstances les plus
intéressantes pour la nation dont il est l'Envoyé, ne
reçoit pendant plusieurs mois, aucune réponse du
gouvernement du peuple près duquel il réside ; qui
fait qu'un parti puissant dans le pays, s'efforce par
tous les moyens à égarer l'esprit de ce peuple, contre
sa propre nation, à la représenter comme animée de

F

vues hoftiles, de deffeins perfides ; peut-il fans être coupable envers cette nation, dont les intérêts lui font confiés , laiffer aliéner l'efprit du peuple ami , par de fauffes inculpations ? Si le Miniftre Français eût rendu publiques les premières tentatives de négociations avec le gouvernement, il eût mérité fans doute des reproches ; mais c'eft après huit mois de filence de ce gouvernement, qu'il fait connaîrre , en imprimant fa lettre , quelle a été fa conduite, les vues de fa nation, & les procédés du gouvernement envers lui. Un particulier peut oublier un tort , ou le dédaigner quand il lui eft perfonnel ; mais un homme public , le repréfentant d'une nation offenfée , peut-il le paffer fous filence , quand il eft convaincu que fon filence rend plus grand le tort que l'on cherche à faire à fa nation dans l'efprit public ? Encore fi la diftance de fa patrie lui permettait de s'adreffer à fon propre gouvernement , avant que le mal qu'il doit chercher à prévenir pût s'opérer, il pourrait alors , il devrait peut-être même prendre ce moyen. Mais quand plufieurs mois entiers ne fuffifent pas pour recevoir les avis & les déterminations de fon gouvernement, & qu'il craint avant cette époque, le fuccès des intrigues ourdies contre fon pays : ne pas montrer au peuple ami de celui qui l'envoie, l'intention, le vœu de fon allié, ne lui pas faire connaître fa propre conduite , ferait fans doute un tort capital, quand il en a les moyens. Il ne révèle pas les fecrets du gouvernement américain, il met fa conduite au jour; il expofe les fentimens de fa nation , & en prenant ce parti pour l'honneur de fon pays & la confervation de fon propre caractère, il y voit encore un moyen d'obtenir du gouvernement une réponfe, que depuis tant de tems il ne peut fe procurer.

Il eft fans doute inconteftable, que les Miniftres étrangers font envoyés en Amérique, comme dans tout autre État, pour traiter avec le gouvernement, que c'eft à lui qu'ils doivent s'adreffer; mais quand le gouvernement fe refufe à traiter avec les Miniftres étrangers, & qu'il eft toutefois urgent à l'intérêt de l'État dont ils font les envoyés, d'obtenir une réponfe, quelle autre voie leur refte-t-il que l'appel à l'opinion publique, pour leur propre conduite ?

Dans la réponfe à cette note, ainfi que dans fa dépêche à M. Pinkney, le Miniftre Pickering donne pour motif de fon filence, les infinuations injurieufes pour le gouvernement des États-Unis, contenues dans l'une des lettres du Miniftre Français. Si le Miniftre Pickering n'eût pas dans fa dernière réponfe du 1er. Novembre dernier, à M. Adet, morcelé cette lettre, pour donner plus de malignité aux parties de phrafes qu'il en citait, & qu'il l'eût préfentée dans fon entier, ainfi qu'on peut la lire aujourd'hui dans les documens, perfonne n'y aurait vu, je penfe, d'infinuations injurieufes pour les États-Unis, ni d'expreffions difconvenables. S'il en exiftait, je ne chercherais pas à les défendre ; car je fuis du nombre de ceux qui penfent que les affaires publiques comme particulières, doivent fe traiter avec calme, raifonnement, civilité ; que la dureté des expreffions n'ajoute tien à la force des raisons. Cependant quand il serait vrai (ce que je ne puis trouver), que le Ministre Français se fût exprimé dans des termes qu'il eût été préférable de ne pas employer, l'impropriété de ces expressions eût-elle été une excuse pour le Ministre Américain, de ne pas répondre aux questions d'affaires, contenues dans cette lettre ? Le refus de réponse est, entre particuliers, une des plus grandes offenses, elle est plus grave encore de Ministère à Ministère : car il en résulte un délai & souvent un changement de nature dans les affaires & dans les dispositions des peuples intéressés. Le Ministre Pickering dit qu'il avait fait le brouillon d'une réponse dure, & qu'il a, par réflexion, jugé plus à propos de ne la pas envoyer. Mais n'y avait-il donc dans cette circonstance d'autre parti qu'une réponse dure ou un silence complet ?

Ou le Ministre Américain désirait que le peuple des États-Unis restât ami de la France, ou il voulait brouiller les deux Nations. Dans le premier cas, la plus simple explication eût probablement fait retirer de la dépêche les expressions qui y déplaisaient, ou eût au moins amené une discussion amicale. Quand on ne veut pas se brouiller on s'explique, même sans être amis. Si le Ministre Pickering poussait son ressentiment plus loin, il pouvait se plaindre au gouvernement français du style de son Envoyé. Mais s'il a voulu brouiller les deux Nations, il n'a pu mieux faire, quoiqu'il y ait cependant encore à espérer qu'il ne réussira pas. Après ce motif de silence

donné par le Miniftre Pickering dans la réponfe à
M. Adet & dans la dépêche à M. Pinkney, il eft
évident que cette réponfe n'eft due qu'à la publicité
de la note du Miniftre français qui, ainfi par cet
aveu feul, eft juftifiée.

Puifque j'ai parlé de cette réponfe du Miniftre
Pickering au Miniftre français, j'en dirai encore
un mot : & ce fera fur l'article où le Secrétaire
d'État s'enveloppe dans le miftère, quant à la queftion
faite par le Miniftre de France, relativement aux
mefures prifes par le gouvernement des États-Unis
pour empêcher la preffe, par les Anglais, des matelots américains; miftère fondé fur ce que cette
détermination ne regarde pas l'intérêt de la France; & je dirai que cette réponfe feule décèle
une malveillance pofitive ; car on ne peut fuppofer
qu'un Secrétaire d'État ne foit pas capable de dif-
tinguer les affaires de fon propre gouvernement,
d'avec celles où les intérêts des autres Nations font
impliquées. Le dernier commis de fon bureau fait
que les matelots américains preffés par l'Angleterre,
augmentent la force maritime de cette puiffance au-
delà de fes reffources naturelles, par conféquent fes
forces contre la France avec qui elle eft en guerre ;
qu'il eft par conféquent de l'intérêt & du droit de
la France, de connaître quels moyens font pris
pour arrêter cette augmentation de reffources de fon
ennemi. La France ne fût-elle pas l'alliée des États-
Unis, aurait encore ce droit, tant qu'ils profeffent
la neutralité, & leurs rapports antécédens d'amitié

& d'alliance ne peuvent que donner plus de force encore à ce droit.

J'aurais pu suivre avec plus de détail les différens articles de la dépêche du Miniftre Pickering à M. Pinckney, & je pourrais encore donner plus d'étendue à l'examen de ceux que j'ai relatés. Mais la difcuffion ne laiffe, fi je ne m'abufe, aucun doute fur l'exiftence des torts que reçoit la France de la nature du nouveau traité fait entre l'Angleterre & les États-Unis, par conféquent des griefs qu'elle a contre fon alliée, & par conféquent auffi de la légitimité de fa conduite avec elle.

La malveillance du gouvernement Américain envers la France, a malheureufement la même évidence. Si fon intention n'eût pas eu ce caractère, & que l'empire des circonftances, la faibleffe connue de fes moyens pour entrer en guerre avec l'Angleterre, le défir louable de maintenir les États-Unis dans une paix néceffaire à leur profpérité, l'euffent feuls déterminé à confommer ce traité avec l'Angleterre, & dans un tems où elle était en guerre avec la France, le gouvernement Américain n'eût-il pas propofé à la France un traité fur les mêmes termes que celui qu'il venait de conclure avec fon ennemi ? Ce traité n'eût pas rendu à fon alliée les mêmes avantages dont elle jouiffait précédemment, mais l'offre lui aurait au moins témoigné qu'il ne voulait pas la placer dans une fituation plus défavantageufe que celle de fon ennemi. Alors le gouvernement Américain aurait pu dire, avec plus de vraifemblance, que les États-Unis faifaient, dans une circonftance importante pour leur tranquillité, ufage du droit qu'ils s'étaient réfervés de traiter toutes les Nations avec une égale faveur. Mais la haine de l'Angleterre pour la France n'eût pas été fatisfaite, & il fallait la fatisfaire : fon vœu de la féparer des États-Unis n'eût pas été fervi, & il fallait le fervir. Il fallait mettre la France dans le cas de fe croire offenfée, comme il faut, quand elle fe montre telle, chercher par-tout les moyens à lui ôter l'affection du peuple américain.

A quelle autre intention peut-on attribuer la conduite hautaine, groffière du Miniftre Pickering avec le Miniftre de France : conduite qu'un *Nabab* de l'Inde voudrait pouvoir ne pas endurer de l'Angleterre ? A quoi peut-on attribuer les indécences, les ironies (lourdes & gauches, fans doute, mais injurieufes) fur la France qui règnent dans la dépêche à M. Pinckney ? Eft-il poffible de croire qu'une telle dépêche que l'on rend publique, couvre le défir du rapprochement, & ne femble-t-elle pas plutôt faite avec le projet de fermer la voie à toute négociation ? Enfin, eût-elle été écrite fous la dictée du confeil Britannique, (elle l'eut été mieux fans doute) mais eût-elle pu mieux fervir fes vues ?

Puiffent ces apparences, quelque palpables qu'elles foient, n'avoir aucune réalité ! Celui qui, fans prévention, confidère de quel danger il ferait pour les États-Unis de fe livrer à l'Angleterre, ne peut croire que ce projet, fi des vues perfonnelles l'ont placé dans quelques têtes, foit partagé par un grand nombre d'Américains. Cependant il eft impoffible de douter qu'il ne marche vers fon exécution. En politique comme dans le cours ordinaire des actions privées, les premières démarches inconfidérées, mauvaifes, entraînent fort au-delà des intentions qui les avaient déterminées; l'amour-propre, l'orgueil qui ne veut pas reconnaître une première erreur, porte à la défendre avec aigreur. L'irritation arrive des deux parts, les fautes s'accumulent & l'affreux précipice où va fe plonger une Nation, n'eft apperçu d'elle que quand l'impulfion qui l'y jette ne peut plus être arrêtée.

La France ne peut avoir aucun défir de rupture avec les États-Unis. Elle eft leur plus ancienne alliée, & quoiqu'en dife le Miniftre Pickering, elle les a *gallamment* fervie dans la caufe de leur indépendance. La France eft République & veut continuer de l'être; elle voit dans la conftitution Américaine la plus libre de toutes les conftitutions; & dans le peuple américain, le peuple le plus attaché à la liberté. Peu de liens peuvent être plus forts. Ceux qui prêtent à la France l'efprit de domination & qui répètent ainfi les vieux *dictons* que l'Angleterre fait débiter pour donner le change fur fa propre ambition, peuvent fuppofer à cette puiffance le défir de dominer fur les puiffances Européennes dont elle eft entourée. Mais quel intérêt peut avoir la France de dominer les États-Unis? Leur force ne peut de long-tems lui être utile; il ne peut exifter

entre

entre les deux Nations aucune rivalité , & les intérêts réels de la France , qu'aucune paſſion d'ancienne vengeance contre les États-Unis ne peut
aveugler , doivent lui faire déſirer leur proſpérité ;
leur accroiſſement, leur indépendance , & font , à
cet égard , ce que font ceux du peuple américain
lui-même.

Mais quelque diſpoſition , quelque motif qu'ait la
France pour reſter unie à l'Amérique , peut-elle
voir patiemment que les mêmes ſentimens , les
mêmes diſpoſitions ne font pas partagés par le gouvernement des États-Unis ? Serait-elle une alliée dé-
ſirable ſi elle pouvait tolérer l'abandon de ſes intérêts
à l'intérêt & à la haine de ſon ennemi ?

C'eſt à l'eſprit ſage , au jugement ſûr & ſain du
peuple américain que je ſoumets ces obſervations. Il
eût été facile de les préſenter avec plus d'amertume ,
& j'oſe dire que le ſujet y fourniſſait ; mais mon
but n'eſt que de préſenter des vérités. 'Je voudrais
adoucir l'aigreur des diſpoſitions plutôt que de l'exciter. Puiſſent ces vérités être ſoigneuſement peſées !
Sans doute les États-Unis doivent maintenir précieu-
ſement leur indépendance , & ne s'en pas plus dé-
ſaiſir pour la France que pour l'Angleterre. Sans
doute ils doivent écarter d'eux les germes de l'eſprit
anarchique & déſorganiſateur qui a long-tems ra-
vagé la France. Mais leur gouvernement doit-il les
voir, les montrer où ils ne font pas ? Et doit-il, ſous
le pretexte de les écarter , ſacrifier les intérêts de la
nation avec qui ils ont contracté les plus anciens

G

engagemens ? Doit-il charger ſes démarches d'intentions perfides, quand elles n'ont été qu'amicales &
qu'elles ne ſont que juſtes ? Veut-il enfin briſer
l'union avec la France pour être plus abſolument
dans la dépendance Britannique ? Je ſuis encore
éloigné de le croire; mais enfin ſi tel était ſon aveu-
glement, qu'il y vît ſon avantage (& l'Amérique
à ſans doute le droit de changer ſes alliances) : la
déclaration prononcée de cette réſolution aurait au
moins plus de bonne foi & de dignité que les efforts répétés faits pour rejetter ſur la France tous
les torts, tout l'odieux de cette rupture, & pour
lui prêter des intentions hoſtiles & perfides contre
les États-Unis, avec qui elle ne peut que déſirer de
perpétuer & de reſſerrer ſes liens.